Inhalt

Advanced Planning and Scheduling (APS) - die passende Planung für das Supply Chain Management

Kernthesen

Beitrag

Fallbeispiele

Weiterführende Literatur

Impressum

Advanced Planning and Scheduling (APS) - die passende Planung für das Supply Chain Management

I. Zeilhofer-Ficker

Kernthesen

- Die meisten heute gebräuchlichen Planungswerkzeuge können das Konzept der Lieferketten oder Liefernetzwerke nicht abbilden.
- Mit Advanced-Planning-and-Scheduling-Lösungen wird die Multiressourcenplanung ermöglicht und ein tatsächlich machbarer Produktionsplan erzeugt.

- Durch zusätzliche Analyse- und Simulationsfunktionen kann die Auswirkung von neuen Aufträgen oder Produktionsänderungen berechnet und visualisiert werden.
- Eine höhere Liefertreue, niedrigere Bestände und eine bessere Auslastung vorhandener Kapazitäten wird mit APS erreicht.

Beitrag

Die Produktion weniger Varianten in großen Stückzahlen gehört der Vergangenheit an. Produktionskapazitäten in verschiedenen Werken konkurrieren miteinander und der Kostendruck steigt ständig. Nur ein SCM-fähiges Planungssystem APS kann damit zurecht kommen.

Warum MRPII nicht mehr reicht

Seit über 30 Jahren wird weltweit in den meisten Industriebetrieben nach MRPI (Material Requirement Planning) und MRPII (Manufacturing Resource Planning) geplant. In entsprechenden ERP- oder PPS-Systemen werden Aufträge und Bedarfsprognosen in Produktions- und Bestellaufträge herunter gebrochen und an die Fertigungslinien bzw. die Einkaufsabteilung weitergeleitet. Konventionelle Planungssysteme planen einzelne Produktionsschritte sequenziell ein, die Möglichkeit der parallelen Bearbeitung wird nicht berücksichtigt. Die meisten Systeme gehen von grenzenloser Kapazität aus, manuelles Nacharbeiten ist dadurch unvermeidbar. Da die generierten Pläne sowohl zeitlich als auch mengenmäßig meist sehr unflexibel und ungenau sind, werden vorhandene Kapazitäten nicht optimal genutzt, Bestände aufgebaut und Aufträge nicht termingerecht geliefert. Unerwartete Auftragsänderungen oder Störungen müssen oft ohne Systemunterstützung in manueller Kleinarbeit eingearbeitet werden. (1)

Planungsaufgaben sind in den letzten Jahren wesentlich komplexer geworden. Verschiedene Produktionsstätten, womöglich um die ganze Welt verteilt, konkurrieren um Produktionsaufträge, Lieferantennetzwerke sind entstanden, die oft ganze Bauteilgruppen fertig montiert just-in-time oder just-in-sequence anliefern und die inner- und außerbetriebliche Logistik ist zu einem entscheidenden Erfolgsfaktor geworden. Dazu werden immer weniger Großserien gefertigt, Produkte werden auf den Kunden zugeschnitten und in kleinen Mengen, bis hinunter zur Einzelfertigung, hergestellt. Kurzfristige Auftragsänderungen sind die Regel und

Flexibilität wird schlicht erwartet. MRP-Systeme kommen mit diesen Anforderungen nicht mehr zurecht und viele Unternehmen sind nun auf der Suche nach einem Planungssystem, das dieser Aufgabenstellung gerecht wird. (1)

Das Konzept des Advanced Planning and Scheduling (APS) gewinnt seit Mitte der 90er Jahre an Bedeutung und der Markt für APS-Systeme wächst mittlerweile ständig an. (2)

Was kann APS

Planungsfunktionalitäten sind bei den meisten Unternehmen im jeweiligen ERP-System (Enterprise Resource Planning) eingebunden, das die unternehmensweite Daten- und Informationsverwaltung, d. h. Aufträge, Stücklisten, Produktionskapazitäten, Bestellvorgänge und die dazugehörigen Finanztransaktionen verwaltet. Module zur detaillierten Produktionsfeinplanung sind entweder im ERP System enthalten oder aber über Schnittstellen aufgesetzt. Supply-Chain-Management-Systeme (SCM) dagegen ermöglichen die überbetriebliche Planung und Steuerung von Liefer- und Logistiknetzwerken, während Manufacturing Execution Systeme (MES)

Produktionsmaschinen entsprechend der aus der Planung kommenden Arbeitsaufträge steuern und überwachen. (2)

APS-Systeme können als Bindeglied von ERP, SCM und MES agieren und mithilfe der daraus verfügbaren Daten eine engpassorientierte Multiressourcenplanung durchführen. Im Einzelnen werden simultan verfügbares Material, Maschinenkapazitäten, Zuliefermöglichkeiten und Personal mit den vorhandenen Produktionsaufträgen und Lagerbeständen verglichen und zu einem machbaren Plan verarbeitet. Transportwege und zeiten sowie Rüstvorgänge werden berücksichtigt, Maschinenkapazitäten in unterschiedlichen Standorten verglichen und gesetzte Prioritäten wie z. B. bestätigte Liefertermine eingearbeitet. Durch Analyse- und Simulationsfunktionen können Kosten von verschiedenen Lösungen errechnet und verglichen werden. Eine mehrstufige Reihenfolgeplanung, die eine Produktionsoptimierung hinsichtlich Umstell- oder Umrüstungserfordernissen durchführt, ist machbar.(1), (2), (3), (4), (5)

Prozessoptimierungen werden durch Simulationsfunktionalitäten unterstützt, die Auswirkung von geplanten Investitionen oder Kapazitätsverlagerungen sind sofort erkennbar. Die Transparenz des gesamten Planungsprozesses wird wesentlich verbessert. (6)

APS zeigt seine Stärken dabei nicht nur in produzierenden Unternehmen, sondern wird auch erfolgreich für komplexe Logistikprozesse eingesetzt. Ob zur Ermittlung optimaler Transportpläne oder zur Steuerung des Flugzeugcaterings, APS ist auch in vielen Logistikprozessen nicht mehr wegzudenken. (7), (8)

Verbesserungen durch APS

Liefertreue zu bestätigten Lieferterminen ist in jeder Branche zum Muss geworden. Da mit APS wirklich machbare Produktionspläne erstellt und neue Aufträge entsprechend reeller Capable-to-Promise-Rechnungen terminiert werden, kann APS die Liefertreue signifikant verbessern. Des weiteren vermelden APS-Nutzer erhebliche Bestandsverminderungen sowie Produktionskostenreduzierungen durch bessere Kapazitätsauslastung. Als nicht unwesentlich wird die wesentlich höhere Flexibilität bei kurzfristigen Auftragsänderungen oder Maschinenausfällen sowie die hohe Transparenz der Planungsvorgänge bewertet. Kurze Amortisationszeiten werden immer wieder hervorgehoben. (15), (16), (17), (18)

Produktunterschiede

Die angebotenen APS-Produkte, die von den Herstellern oft auch als SCM-Produkte angeboten werden, können in zwei Kategorien eingeteilt werden. So genannte ERP-II-Systeme haben APS-Funktionalitäten direkt eingebunden, d. h. APS ist integrierter Teil der ERP. Die Datenverarbeitung ist schneller, da keine Schnittstellen überwunden werden müssen. Die Planungsergebnisse stehen in Echtzeit der ERP zur Verfügung. Add-On-Lösungen werden auf bestehende ERP-Systeme aufgesetzt, die für die Planung notwendigen Daten aus der ERP ausgelesen. Vorteil von Add-Ons ist der niedrigere Preis, da eventuell vorhandene ERP-Systeme weiter genutzt werden können. (9), (13)

Da sich die verschiedenen Produkte in Funktionalitäten unterscheiden und möglicherweise auf bestimmte Branchen zugeschnitten sind, muss jedes Unternehmen für sich entscheiden, welches System die gestellten Aufgaben am besten bewerkstelligen kann. (9), (10), (11)

Egal welches System aber gewählt wird, jede Implementierung verlangt vorab eine Überprüfung der internen und externen Prozesse sowie der vorhandenen Daten wie Stücklisten, Rezepturen, Prozessdokumentation, Bearbeitungszeiten usw. Schließlich darf der menschliche Faktor nicht übersehen werden, Mitarbeiter müssen möglichst früh involviert und an das System herangeführt werden. Change Management ist ein nicht zu unterschätzender Faktor für eine erfolgreiche APS-Implementierung. (9), (12)

Fallbeispiele

Barc-Studie

Das Beratungshaus Barc hat kürzlich in einer Studie vierzehn SCM-/APS-Lösungen untersucht und klassifiziert. Die Untersuchung soll interessierten Firmen bei der Auswahl eines geeigneten Systems helfen. Hier ein kurzer Überblick:
Bei SAP (APO) und ProAlpha sind die APS-Funktionen direkt in das ERP-System eingebunden. Unter anderen IFS, Infor, PSIpenta, Berghof bieten sowohl ERP-II also auch Add-On-Lösungen. Atos und Axxom dagegen haben nur Add-On-Lösungen im

Programm (11), (13), (14)

Anwendungsbeispiele

Der Autozulieferer Hirschmann Car Communication GmbH implementierte im Jahr 2003 das APS-Modul waySCS von Wassermann, das an die SAP-ERP angeschlossen wurde. Seither konnte die Liefertreue auf stabil über 90 Prozent gehalten werden, Bestände wurden um 34 Prozent verringert und Sonderfahrtkosten um 58 Prozent reduziert. (15)

Pharmahersteller Organon arbeitet mit der APS-Lösung von Infor. Die Prognosen verbesserten sich um 20 bis 30 Prozent, Bestände konnten um ca. 10 bis 15 Prozent verringert werden und ein Liefererfüllungsgrad von 99,9 Prozent wurde erreicht. Organon lobt vor allem die hohe Transparenz, die Organisationsoptimierungen ermöglicht. (16)

Bei BASF nutzt man das Modul APO von SAP für die 12-Monats-Planung der Styrolherstellung. Für die Detailplanung der jeweils nächsten drei Monate wurde ein eigenes Optimierungswerkzeug programmiert. Damit optimiert BASF nun die Styrolproduktion über alle europäischen Standorte hinweg. (17)

Nur sieben Minuten braucht die Komplettoptimierung von rund 9000 Arbeitsgängen der Wolf Werkzeugtechnologie GmbH mit der APS-Lösung der ProAlpha-ERP. Die Simulationsfunktion wird erfolgreich zur Ermittlung von freien Maschinenkapazitäten verwendet, die man dann gezielt verkauft. (18), (19)

Hersteller Quintiq hat ein APS-Modul speziell für das Flugzeug-Catering im Programm. Mit Catering Ready konnte die KLM Catering Services (KCS) seit Mitte 2002 rund 750 000 Euro einsparen. Die Liefertreue war schon nach einem Monat auf 99,5 Prozent gestiegen. (8)

Weiterführende Literatur

(1) Advanced Planning and Scheduling – die stille ERP-Revolution
aus PPS Management, Nr. 3, 2006, 23-25

(2) Das aktuelle Stichwort: APS-Systeme
aus PPS Management, Nr. 3, 2006, 14

(3) Marktübersicht: Advanced Planning and Scheduling
aus PPS Management, Nr. 3, 2006, 56-62

(4) Kollaborativ sequenzieren

aus Automobil Produktion, Heft 10/2006, S. 78-79

(5) Reserven ans Licht!
aus handling, Heft 04, 2006

(6) Innovative Optimierungs-software ermöglicht integriertes Supply Chain Design
aus Industrie Management, Nr. 3, 2006, 78-81

(7) O.V., „Das Logistiknetz mit Planung optimieren", DVZ Deutsche VerkehrsZeitung, Nr. BLOD, 07.03.2006
aus Industrie Management, Nr. 3, 2006, 78-81

(8) Szenario mit Planungssoftware ermöglicht dem Catering-Dienstleister KCS auf dem Amsterdamer Großflughafen Schipohl maximale Liefertreue Die Bordverpflegung kommt just-in-time
aus Computer Zeitung, Heft 52, 2005, S. 23

(9) 14 Lösungen für das Supply Chain Management
aus is report, Heft 11/2006, S. 42-44

(10) SCM-Systeme auf dem Prüfstand
aus is report, Heft 12/2005, S. 26-29

(11) O.V., SCM-Lösungen im Vergleich, Computerwoche, 16.12.2005, Nr. 50, S. 18-19
aus is report, Heft 12/2005, S. 26-29

(12) Organisatorische Rahmen- gestaltung als Erfolgsfaktor bei der APS-Einführung
aus PPS Management, Nr. 3, 2006, 15-18

(13) 14 SCM-Tools im TestSoftwarewerkzeuge zur

Planung und Steuerung der Supply Chain: Was die Systeme leisten und wo es noch Verbesserungsbedarf gibt. Start der zweiteiligen Serie über SCM-Software.
aus Logistik inside, Heft 11/2006, S. 45-47

(14) Wertvolle LückenfüllerAdvanced-Planning-and-Scheduling-Systeme unterstützen durch ihre Fähigkeiten in der Fertigungsplanung die übergeordnete ERP-Software: Wichtige Lösungen im Vergleich.
aus Logistik inside, Heft 12/2006, S. 46-47

(15) Supply Chain Management bei der Hirschmann Car Communication GmbH verbessert Pünktlichkeit ist mehr als eine Tugend
aus BA Beschaffung aktuell, Heft 9, 2006, S. 28

(16) Zur richtigen Zeit am richti en Ort - Organon optimiert Produktionskette: geringere Bestände und zuverlässigere Medikamentenlieferungen
aus Process Magazin für Chemie- und Pharmatechnik Nr. 05 vom 04.05.2006 Seite 104

(17) Das günstigste Korn gewinntEin Spezial-Tool für die Produktionsplanung bringt dem Chemiekonzern BASF Vorteile im Wettbewerb: besser ausgelastete Anlagen, geringere Kosten und kürzere Planungszeit.
aus Logistik inside, Heft 09/2006, S. 36-37

(18) Produktionslogistik: APS optimiert Auftragsdurchlauf und Lieferterminermittlung Tastendruck statt Bauchgefühl

aus Industrieanzeiger, Heft 27, 2006, S. 22

(19) Optimierung mit APS-Technologie
aus "it&t-business" Nr. 4/06 vom 07.04.2006 Seite: 52

Impressum

Advanced Planning and Scheduling (APS) - die passende Planung für das Supply Chain Management

Bibliografische Information der deutschen Nationalbibliothek

Die Deutsche Nationalbibliothek verzeichnet diese Publikation in der deutschen Nationalbibliografie; detaillierte bibliografische Daten sind im Internet über http://dnb.d-nb.de abrufbar.

ISBN: 978-3-7379-1065-1

© 2015 GBI-Genios Deutsche Wirtschaftsdatenbank GmbH, Freischützstraße 96, 81927 München, www.genios.de

Alle Rechte vorbehalten. Dieses Werk ist einschließlich aller seiner Teile – z.B. Texte, Tabellen und Grafiken - urheberrechtlich geschützt. Jede Verwertung außerhalb der Grenzen des Urheberrechtsgesetzes bedarf der vorherigen Zustimmung des Verlags. Dies gilt insbesondere auch für auszugsweise Nachdrucke, fotomechanische Vervielfältigungen (Fotokopie/Mikroskopie), Übersetzungen, Auswertungen durch Datenbanken oder ähnliche Einrichtungen und die Einspeicherung und Verarbeitung in elektronischen Systemen.